# INSTITUT DE FRANCE.

## ACADÉMIE FRANÇAISE

## SÉANCE DU MERCREDI 7 OCTOBRE 1896

TENUE EN PRÉSENCE DE

LEURS MAJESTÉS

# L'EMPEREUR ET L'IMPÉRATRICE

## DE RUSSIE

PARIS

## TYPOGRAPHIE DE FIRMIN-DIDOT ET C^{ie}

IMPRIMEURS DE L'INSTITUT DE FRANCE, RUE JACOB, 56

M DCCC XCVI

INSTITUT DE FRANCE.

ACADÉMIE FRANÇAISE

—

SÉANCE DU MERCREDI 7 OCTOBRE 1896

TENUE EN PRÉSENCE DE

LEURS MAJESTÉS

# L'EMPEREUR ET L'IMPÉRATRICE

# DE RUSSIE

PARIS

TYPOGRAPHIE DE FIRMIN-DIDOT ET C^{ie}

IMPRIMEURS DE L'INSTITUT DE FRANCE, RUE JACOB, 56

—

M DCCC XCVI

INSTITUT.
1896. — 18.

INSTITUT DE FRANCE.

ACADÉMIE FRANÇAISE

# ALLOCUTION

A LEURS MAJESTÉS

## L'EMPEREUR ET L'IMPÉRATRICE DE RUSSIE

PRONONCÉE PAR

### M. E. LEGOUVÉ

DIRECTEUR DE L'ACADÉMIE

Dans la séance du Mercredi 7 octobre 1896.

SIRE, MADAME,

Il y a près de deux cents ans, Pierre le Grand, au cours de son voyage à Paris, arriva un jour, à l'improviste, au lieu de réunion des membres de l'Académie, s'assit familièrement au milieu d'eux, et se mêla à leurs travaux. Cette visite, si pleine de cordialité, est restée dans nos archives comme un de nos plus précieux souvenirs.

Votre Majesté fait plus encore aujourd'hui ; elle ajoute un honneur à un honneur, en ne venant pas seule. Votre présence, Madame, va apporter à nos graves séances quelque chose de bien inaccoutumé... le charme.

Comment remercier Vos Majestés de daigner prendre place dans cette petite salle? Le meilleur moyen est, ce me semble, de vous donner une idée de ce qui s'y passe, de vous faire assister à une de nos séances ordinaires, de vous montrer les académiciens... à l'ouvrage. L'Empereur du Brésil a pris part plus d'une fois à nos discussions philologiques ; le grand-duc Constantin a paru s'y plaire ; cela nous laisse espérer que Vos Majestés ne regretteront pas trop les quelques moments qu'Elles veulent bien nous consacrer, et dont nous sentons tout le prix.

Me sera-t-il permis de le dire? Ce témoignage de sympathie, s'adresse non seulement à l'Académie, mais à notre langue nationale elle-même, qui n'est pas pour vous une langue étrangère, et l'on sent là je ne sais quel désir d'entrer en communication plus intime avec le goût et l'esprit français. Une telle bienveillance nous enhardit ; elle nous reporte à votre immortel ancêtre ; sa visite se relie pour nous à la vôtre, et, dans notre gratitude, nous osons adresser une prière à Vos Majestés : souffrez que nous fêtions par avance, dans ce jour, le bi-centenaire de l'union cordiale de la Russie et de la France.

A LEURS MAJESTÉS

# L'EMPEREUR ET L'IMPÉRATRICE
# DE RUSSIE

STROPHES

LUES PAR

## M. FRANÇOIS COPPÉE
MEMBRE DE L'ACADÉMIE FRANÇAISE

Le mercredi 7 octobre 1896.

Dans cet asile calme où le culte des lettres
Nous fut fidèlement transmis par les vieux maîtres
Ainsi que le flambeau de l'antique coureur,
A ce foyer, dans cette atmosphère sereine.
Bienvenue à la jeune et belle Souveraine !
    Bienvenue au noble Empereur !

Votre chère présence est partout acclamée
Par l'imposante voix du peuple et de l'armée
Émus de sentiments profonds et solennels;
Et, sur la foule heureuse et de respect saisie,
Vous voyez les couleurs de France et de Russie
      Palpiter en plis fraternels.


Tous les vœux des Français vont, Sire, au fils auguste
Du magnanime Tsar, d'Alexandre le Juste ;
Car en vous son esprit pacifique est vivant.
Vous, Madame, devant vos yeux purs et sincères,
Dans les groupes charmés, vous entendez les mères
      Vous bénir, vous et votre enfant.


Ici s'éteint le bruit dont un peuple s'enivre.
Nous pouvons seulement vous présenter le livre
Qui garde ce trésor : la langue des aïeux;
Mais, chez nous, c'est la France encor qui vous accueille,
Et vous lirez le mot « amitié » sur la feuille
      Qu'elle place devant vos yeux.


Puis nous évoquerons notre gloire passée,
Nos devanciers fameux, princes de la pensée,
Corneille, Bossuet, tant d'autres noms si beaux,
Avec l'orgueil de voir nos souvenirs splendides
Honorés par vous, Sire, ainsi qu'aux Invalides,
      Vous saluez nos vieuxdrapeaux.

Enfin, bien à regret — l'heure si tôt s'écoule, —
Nous vous rendrons tous deux à l'amour de la foule,
Au grand Paris offrant son âme en ses clameurs ;
Mais pour vous suivre aussi dans cette ardente fête
Où vous êtes portés, comme a dit un poète,
        En triomphe sur tous les cœurs.

# LA VISITE

## DU

# CZAR PIERRE LE GRAND

## EN 1717

### D'APRÈS DES DOCUMENTS NOUVEAUX

#### PAR

## M. LE COMTE D'HAUSSONVILLE [*]

##### MEMBRE DE L'ACADÉMIE

Offert à Leurs Majestés l'Empereur et l'Impératrice de Russie.

---

Lorsque, au mois d'avril 1717, par l'intermédiaire de Châteauneuf, notre ambassadeur à la Haye, le Czar Pierre le Grand informait le Régent de son désir de visiter Paris, il ne faisait que donner suite à un dessein conçu dix-neuf années auparavant. En 1698, lors de son premier séjour en Hollande, il avait fait sonder Louis XIV à ce sujet, et « il fut mortifié, ajoute Saint-Simon, de ce que le roi déclina

---

[*] L'Académie avait décidé que le travail de M. le comte d'Haussonville serait lu en présence de Leurs Majestés l'Empereur et l'Impératrice de Russie; le temps ne l'ayant pas permis, il leur en a été offert un exemplaire.

2

honnêtement sa visite, dont il ne voulut point s'embarrasser ».

Le majestueux monarque craignait sans doute quelque manque à l'étiquette de la part d'un souverain encore peu façonné au cérémonial des cours, ou qui, plutôt, semblait se faire un jeu de le braver. Pour témoigner aux ambassadeurs de Guillaume d'Orange sa mauvaise humeur de leur arrivée tardive, ne s'était-il pas avisé naguère de ne vouloir leur donner audience qu'à bord d'un vaisseau hollandais, et dans la grande hune où il les reçut du reste avec beaucoup de majesté, sauf à rire ensuite de la frayeur qu'ils avaient laissé voir en montant aux échelles de cordes. Mais en 1717, Pierre Iᵉʳ n'était plus un souverain dont la visite pût être déclinée honnêtement. En quelques années, son robuste génie avait façonnné, en quelque sorte à coups de cognée, un empire encore fruste, à la solidité duquel l'opinion européenne n'avait guère cru d'abord, mais dont elle commençait à pressentir confusément les grandes destinées. « Je serai succinct, a dit Saint-Simon, sur un prince si grand et si connu, et qui le sera sans doute de la postérité la plus reculée pour avoir rendu redoutable à toute l'Europe et mêlé nécessairement à l'avenir dans toutes les affaires de cette partie du monde une cour qui n'en avait jamais été une, et une nation entièrement ignorée. » L'avenir a donné singulièrement raison aux prévisions de Saint-Simon, et le duc d'Orléans avait l'esprit trop pénétrant pour n'y pas lire aussi bien que lui. Aussi n'eut-il garde de décliner la visite annoncée, bien que cette visite soulevât quelques questions délicates.

Le Czar entendait garder l'incognito. Dans la première

dépêche où il est question de son arrivée (1) il est
désigné « comme une personne de distinction qui
paraît vouloir rester incognito, mais que Son Altesse
Royale veut traiter avec toute la distinction et tous les
égards qui peuvent marquer beaucoup de considération
de sa part, sans cependant lui rendre les honneurs que lui-
même paraît ne vouloir pas recevoir pour éviter les embarras du cérémonial ». Mais quels étaient les honneurs
que Sa Majesté Czarienne, comme on l'appelait alors, voudrait et ceux qu'elle ne voudrait pas recevoir? La question
était embarrassante. Desgranges, qui faisait depuis vingt-
cinq ans fonction de maître des cérémonies, s'en préoc-
cupait fort. Il en était de même du Corps de ville de
Paris (nous dirions aujourd'hui le Conseil municipal), qui,
plein de bonne volonté, demandait s'il devait aller au-devant
du Czar et lui porter les présents ordinaires, lesquels
présents consistaient « en douze douzaines de boîtes de
confitures et autant de flambeaux de cire (2) ».

Pour résoudre toutes ces questions, le Régent ne crut
pouvoir mieux faire que d'envoyer à Dunkerque (car le
Czar pour venir de Hollande avait choisi la voie de mer)
le sieur de Liboy, gentilhomme ordinaire de la Chambre
du Roy. Liboy était porteur d'instructions très détaillées,
mais qui roulaient uniquement sur des questions d'étiquette (3). Il fut ainsi le premier Français qui eut l'honneur

---

(1) Affaires étrangères. Correspondance Moscovie, T. VII. Lettre à M. le
comte d'Hérouville, commandant pour le service du Roi à Dunkerque.
(2) *Ibid.* Lettre de M. de Trudaine, prévôt des marchands, 26 avril 1717.
(3) *Ibid. Mémoire pour servir d'instruction au sieur de Liboy, gentil-*

d'être présenté au Czar, et ses lettres, qui sont demeurées inédites au moins en France (car elles n'ont point échappé aux intelligentes investigations des membres de la Société Impériale d'Histoire de Russie) (1), contiennent, sur l'arrivée et le séjour de Pierre I$^{er}$ à Dunkerque, de curieux détails. Nous leur emprunterons ce portrait (2) :

« Le Czar est de la plus grande taille, un peu courbé et la teste penchée à l'ordinaire. Il est noir, et a quelque chose de farouche dans la physionomie. Il paroît avoir l'esprit vif et la conception aisée, avec une sorte de grandeur dans les manières, mais peu soutenue. Il est mélancolique et distrait, quoique accessible et souvent familier. On dit qu'il est robuste et capable de travail de corps et d'esprit. »

Dès les premiers entretiens, il fut évident que Sa Majesté Czarienne désirait, autant que cela serait possible, échapper au cérémonial. « Il demande, écrivait Liboy, que le Roi veuille le faire loger dans une maison particulière qui soit convenable. Il veut éviter les maisons royales. » De même, il ne voulut pas des voitures « honnestes et propres » qui avaient été préparées pour lui,

---

*homme ordinaire de la Chambre du Roi allant par ordre de Sa Majesté auprès du Czar de Moscovie, qui vient incognito dans le royaume.* Ce mémoire a été publié dans le *Recueil des instructions données aux ambassadeurs et ministres de France*, T. VIII. — Russie. Introduction et notes de M. Alfred Rambaud.

(1) *Société impériale d'histoire de Russie*, t. XXXIV. Ce volume contient plusieurs pièces intéressantes relatives au séjour de Pierre le Grand, dont les originaux sont aux Affaires étrangères et qui sont inédites en France, entre autres toutes les lettres de Liboy et quelques lettres de Tessé que nous citerons plus loin.

(2) Aff. étrang. Corresp. Moscovie, T. VII. Liboy au maréchal d'Huxelles, 23 avril 1717.

mais qui étaient de lourdes berlines. Il demanda que ces voitures fussent remplacées par cinq chaises à deux roues et à deux places, de simples cabriolets, et que les relais fussent disposés de façon à gagner Paris en quatre jours. La nécessité d'attendre ces chaises le fit prolonger son séjour à Dunkerque. Une journée y fut employée par lui (c'est Liboy qui parle) à prendre médecine, les trois autres à visiter en détail — car le Czar avait la passion des choses maritimes — le port, le bassin et les magasins de Dunkerque. Il fut si satisfait de sa visite qu'il demanda si l'on ne pourrait pas trouver un officier de marine, parlant le hollandais, qu'on attacherait à sa personne. Ainsi fut fait.

Liboy, cependant, avait profité de ces quatre jours pour adresser à Paris quelques renseignements sur les habitudes de Pierre Ier (1) : « Le Czar se lève matin, dîne vers les dix heures, soupe vers les sept et se retire avant neuf. Il boit des liqueurs avant les repas, de la bière et du vin l'après-midi, soupe peu et quelquefois point du tout, et se couche avant neuf. Il mange de tous nos mets et boit de nos vins, hormis le champagne. Les seigneurs aiment ce qui est bon et s'y connaissent. » « Je ne suis point encore parvenu à m'apercevoir, ajoutait-il, d'une espèce de conseil ou de conférence d'affaires sérieuses, à moins qu'on en ait traité en gobelotant. » Aussi attribuait-il le voyage du Czar uniquement à la curiosité et à une inquiétude naturelle.

Liboy se trompait, comme on va le voir ; mais il ne s'en

---

(1) Aff. étrang. Corresp. Moscovie, T. VII. Lettres de Liboy, 27 et 28 avril 1717.

était pas moins fort bien acquitté de cette première mission. Le Régent crut cependant, pour faire plus d'honneur au Czar, devoir envoyer au-devant de lui jusqu'à Calais le marquis de Mailly-Nesle, gentilhomme « dont la naissance et le mérite étaient également distingués », disait sa lettre d'introduction. Mais celui-ci eut moins de succès que Liboy. Il paraît s'être proposé le singulier dessein d'éblouir ces hôtes encore un peu agrestes de la France par l'élégance de sa toilette. Il changeait d'habit chaque jour. Tant de recherche ne lui valut qu'un sarcasme. « En vérité, dit le Czar, je plains M. de Nesle d'avoir un si mauvais tailleur qu'il ne puisse trouver un habit fait à sa guise. »

Pierre le Grand ne perdait point de temps à changer de toilette en route. Il n'avait qu'une idée : arriver le plus rapidement possible à Paris, et il brûlait les étapes, au risque de causer parfois certains mécomptes. « Vous aurez peut-être de la peine à croire, écrivait d'Amiens l'intendant M. de Bernage (1), que le Czar a passé hier dans cette ville sans que j'aie eu l'honneur de le voir. Nous l'attendions à l'évêché avec M. le marquis de Nesle et M. de Liboy, parce qu'il ne trouve pas bon qu'on aille au-devant de lui, et nous comptions du moins qu'il viendrait prendre un rafraîchissement et son relais, quand on vint nous dire qu'il avait envoyé chercher les chevaux par son courrier, et qu'étant monté dans mon carrosse à la porte de la ville, il l'avait déjà traversée en diligence sans vouloir s'arrêter ni voir personne. » M. de Bernage ajoutait en post-

(1) Aff. étrang. Corresp. Moscovie, T. VII. Lettre du sieur de Bernage, intendant de Picardie, au maréchal d'Huxelles, 7 mai 1717.

scriptum : « Il ne sera pas impossible que M. l'Évêque d'Amiens fasse un peu de plaintes, car pour ne pas perdre mon étalage, je priai les dames à venir manger le souper du Czar à l'évêché, et Madame de Bernage donna un grand bal dans le palais épiscopal dont ce prélat m'avait laissé maître. »

Même déception à Beauvais où l'Évêque Comte l'attendait à coucher. « J'avais, écrivait l'Évêque avec mélancolie, rendu ma maison, qui n'est pas magnifique, le plus commode que j'avais pu pour loger le Czar et une partie de sa suite. Je lui préparais un concert de voix et d'instruments, et une illumination avec feu d'artifice. Il aurait trouvé ses armes en plusieurs endroits de sa maison et, dans la chambre où je croyais qu'il devait coucher, les portraits des grands-ducs de Moscovie, père et mère du Czar. Mais tous ces préparatifs, et tous ceux que j'avais tâché de faire pour lui donner à manger ont été inutiles. » En effet le Czar, redoutant l'affluence du peuple qui commençait à se presser sur son passage, ne voulut même pas entrer dans Beauvais, et il préféra s'arrêter dans un méchant village, où lui et sa suite dînèrent au cabaret pour dix-huit francs (1). Comme on lui avait fait observer à l'avance qu'il ferait mauvaise chère dans ce cabaret : « Je suis un soldat, aurait-il répondu. Pourvu que je trouve du pain et de la bière, je suis content. »

Le Czar approchait rapidement de Paris, lorsque, à Beaumont sa dernière étape, il rencontra le comte de

---

(1) Aff. étrang. Corresp. Moscovie, T. VII. L'Évêque Comte de Beauvais au maréchal d'Huxelles, 11 mai 1717.

Tessé que le Régent envoyait pour lui faire compliment, et qui devait être attaché à sa personne pendant toute la durée de son séjour. Le choix était des plus heureux. Tessé n'était pas seulement un maréchal de France, un homme de beaucoup d'esprit et de fort bonne compagnie. Il avait été mêlé sous le règne précédent à beaucoup de grandes affaires dont il s'était tiré à son honneur. C'était lui en particulier qui, en 1696, avait réussi à détacher le duc de Savoie de la ligue d'Augsbourg, et dans ses relations avec ce prince difficile il s'était montré négociateur fort habile. Depuis la mort du souverain qu'il avait servi avec beaucoup de dévoûment, il vivait dans une demi-retraite, partageant son temps entre une petite maison de campagne qu'il possédait aux Camaldules, près de Grosbois, et un appartement aux Incurables. Mais la retraite n'était pas beaucoup son affaire, et il ne lui fallut qu'un signe pour venir reprendre son ancien rôle. Des Français un peu infatués de la splendeur de leur capitale pouvaient seuls en effet croire, comme Liboy, que la curiosité et le désir d'admirer Paris étaient le seul mobile qui avait poussé Pierre I$^{er}$ à entreprendre ce voyage. L'habile souverain poursuivait au contraire un but parfaitement déterminé qu'un rapide coup d'œil jeté sur l'état de l'Europe fera comprendre.

Depuis l'année 1713 les traités de Westphalie qui formaient depuis plus d'un demi-siècle le droit public européen avaient été remplacés par les traités d'Utrecht et de Bade. Ces traités avaient mis un terme à la longue guerre de la succession d'Espagne, et créé au point de vue diplomatique et territorial un nouvel état de choses. L'Autriche ne les avait subis qu'avec impatience, et ne demandait qu'un prétexte pour les remettre en question. L'Espagne elle-même, qui n'en avait pas tiré tous les avantages qu'elle en espérait, ne les acceptait qu'à contre-cœur. Au contraire, les autres États de l'Europe et en particulier la France, épuisée par la longue lutte qu'elle avait soutenue, voulaient sincèrement la paix. De là un nouveau groupement des forces : d'un côté la triple alliance, c'est ainsi que, depuis le traité tout récent de la Haye, on appelait l'union de la France, de l'Angleterre et de la Hollande. En face l'Autriche affaiblie, mais encore redoutable. A côté d'elle deux puissances secondaires : l'une, la Prusse, un peu nouvelle venue dans le monde européen, remuante, ambitieuse, qui s'était rangée du côté de l'Autriche dans la guerre de la succession d'Espagne ; de l'autre la Suède, vieille alliée de la France depuis Richelieu, encore unie à elle par un traité qui lui assurait un subside de 600 000 écus par an, mais engagée depuis plusieurs années, par l'aventureux Charles XII, dans une guerre funeste et non encore terminée où la Russie lui avait enlevé toutes ses provinces Baltiques. Enfin au loin, sortant à peine de ses steppes et de ses forêts sauvages, la Russie.

Si la Russie, qui jusque-là n'avait paru songer qu'à ses propres affaires, intervenait dans celles de l'Europe, de quel côté se rangerait-elle ? Qu'elle se rangeât du côté de l'Autriche, qu'elle entraînât avec elle la Prusse, son alliée dans la guerre suédoise, et, en face de la coalition anglo-franco-hollandaise, pouvait se dresser une coalition austro-prusso-russe qui la contre-balancerait exactement. Les traités d'Utrecht et de Bade, et par conséquent la paix de

l'Europe risquaient d'être remis en question, ce qui était contraire à la politique de la France.

D'un autre côté, la Russie, dont les récentes conquêtes sur la Suède n'avaient jamais été reconnues, ni ratifiées par aucun traité, qui, toujours isolée, n'avait jamais fait partie du concert européen, avait intérêt à tenir de quelque instrument solennel la ratification de ces conquêtes, et à entrer dans ce concert. « Toutefois, comme l'a très bien dit un des hommes qui ont étudié de plus près, dans le passé, les rapports de la France et de la Russie, M. Albert Vandal (1), le Czar ne pouvait espérer prendre place dans ce concert et s'y faire écouter, qu'à la condition d'être présenté par un ami considérable qui lui servirait de répondant... Il fallait à la Russie l'appui d'une de ces vieilles monarchies qui, grâce à l'ancienneté autant qu'à l'éclat de leur puissance, marchaient à la tête des nations. Il n'aimait point l'Angleterre et ne connaissait pas l'Espagne : restait la France. »

La France et la Russie avaient donc même intérêt, et personne ne doutait en Europe que le voyage de Pierre le Grand ne cachât quelque dessein diplomatique (2). Chacun se demandait dans quel plateau de la balance il jetterait, le cas échéant, le poids de sa puissante épée. L'Angleterre et l'Autriche suivaient ses pas avec une égale anxiété. Mais la pensée du Czar semblait encore enveloppée d'un

---

(1) *Louis XV et Élisabeth de Russie*, par M. Albert Vandal.

(2) Pendant le séjour du Czar en Hollande, une négociation avait déjà été ébauchée avec notre ambassadeur Châteauneuf, et c'est en partie parce que Châteauneuf ne semblait point comprendre sa pensée, que Pierre Ier avait résolu de venir à Paris. (V. RAMBAUD, l'Introduction.)

certain mystère. Esprit sagace et délié, Tessé était propre autant qu'homme du monde à percer ce mystère et il devait s'y employer utilement.

Le Czar arriva à Paris le 7 mai à 9 heures du soir. Il avait préféré cette heure tardive pour échapper à la curiosité. Mais il n'en trouva pas moins la rue Saint-Denis et la rue Saint-Honoré illuminées, avec force gens aux fenêtres ou sur son passage. Afin qu'il pût choisir, on avait préparé pour lui deux appartements : l'un au Louvre, l'autre à l'hôtel de Lesdiguières. Il visita d'abord celui du Louvre. Il le trouva trop magnifiquement tendu et éclairé, et préféra l'hôtel de Lesdiguières. Déjà en cours de route on avait pu remarquer son goût pour la simplicité. Dans les appartements qui étaient préparés pour le recevoir, il choisissait toujours la pièce de derrière. Il fit de même à l'hôtel de Lesdiguières où il fit tendre son lit de camp dans une garde-robe.

Le lendemain de son arrivée il reçut la visite du Régent. Il sortit de son cabinet, fit quelques pas au-devant de lui, l'embrassa, disent les récits du temps, avec un grand air de supériorité, et se retournant, rentra dans son cabinet, suivi par le Régent « qu'il semblait mener en laisse ». Ils s'assirent sur deux fauteuils, le Czar prenant celui du haut bout. La conversation entre eux dura une heure, mais sans qu'il y fût parlé d'affaires ; le prince Kourakin servait d'interprète.

Le 11 mai, le Czar reçut la visite du petit Roi qui avait sept ans. Le cérémonial avait été soigneusement réglé. — Le Czar descendit recevoir le Roi à la porte de son carrosse, et tous deux, marchant de front, se rendirent jusqu'à la chambre du Czar, où ils s'assirent sur deux fauteuils égaux. Le Roi lui débita un fort joli compliment qu'on lui avait fait apprendre par cœur. Au lieu de lui répondre, le Czar le prit brusquement dans ses bras et, l'élevant à la hauteur de son visage, l'embrassa à plusieurs reprises, ce qui n'était nullement prévu par le cérémonial. On craignit un instant que le petit Roi ne prît peur ; mais bien qu'un peu surpris, il fit bonne contenance, et la conversation, soutenue surtout par le duc du Maine et le maréchal de Villeroy, dura fort agréablement un quart d'heure.

Le lendemain le Czar rendit sa visite au Roi, et fut tout surpris, car c'était la première fois qu'il sortait, de la foule qu'il trouva sur son passage. Le Roi devait le recevoir à la descente de son carrosse. Mais aussitôt que le Czar l'aperçut sous le vestibule des Tuileries marchant vers lui, il sauta de son carrosse, courut au-devant du Roi, le prit dans ses bras et monta ainsi l'escalier. Ces brusqueries, un peu voulues peut-être, n'étaient pas sans grâce, et on fut fort touché à la Cour de la prédilection et de la tendresse que, durant toute la durée de son séjour, Pierre le Grand témoigna au jeune Roi.

Ces devoirs de cérémonie remplis, commença pour le Czar cette vie sans trêve de visites officielles aux monuments publics qu'il est de tradition d'imposer aux souverains de passage à Paris, et qu'ils subissent avec une inlassable bonne grâce. Le jour même de sa réception aux Tuileries il avait visité, dès huit heures du matin, la place Royale, la place des Victoires, la place Vendôme. Le 12 mai on le conduisit à l'Observatoire, aux Gobelins, au Jardin du Roi ; le 14 à la grande galerie du Louvre où on lui montra le plan des villes fortifiées ; le 16 aux Invalides où il goûta la soupe des soldats, but à leur santé, et après avoir tâté le pouls à l'un d'eux qu'on tenait pour perdu, lui prédit qu'il en reviendrait (pronostic qui se vérifia) ; le 17 à Saint-Cloud ; le 18 à Issy ; le 21 au Luxembourg ; le 23 à Meudon ; le 24 aux Tuileries ; le 25 à Versailles ; le 26 à Marly. Et cela sans compter les plaisirs du soir ; dîner à Saint-Cloud chez le Régent, et représentation de gala à l'Opéra, au cours de laquelle ayant eu soif il demanda un verre de bière que le Régent lui offrit avec grand respect sur une soucoupe.

Pierre le Grand parut prendre beaucoup d'intérêt à ces visites, surtout à celles qu'il fit aux établissements scientifiques. Il y trouvait l'occasion d'une foule de questions qui montraient l'étendue de ses connaissances, et sur tous ceux qui l'approchaient, il produisait une impression singulière. Laissons encore parler Saint-Simon : « Tout montrait en lui la vaste étendue de ses lumières et quelque chose de continuellement conséquent. Il allia d'une manière tout à fait surprenante la majesté la plus haute, la plus fière, la plus délicate, la plus soutenue, en même temps la moins embarrassante, quand il l'avait établie dans toute sa sûreté, avec une politesse qui la sentait et toujours et avec tous, et en maître partout, mais qui avait ses degrés suivant les personnes... C'est la réputation qu'il laissa unanimement en France qui le regarda comme un prodige dont elle demeura charmée. »

Cependant le véritable but que s'était proposé Pierre le Grand en entreprenant son voyage n'était point perdu de vue. Le Czar chargeait son vice-chancelier Schafiroff, que Tessé appelle souvent le *ragot*, et son ambassadeur en Hollande, le prince Kourakin, qui était en même temps son beau-frère par sa première femme, d'entrer en négociations avec Tessé. De son côté le maréchal d'Huxelles, membre du Conseil de Régence et président du Conseil des Affaires étrangères, rédigeait pour l'usage de Tessé un long mémoire (1), qui devait lui servir d'instruction. Ce mémoire témoigne à la vérité, de la part du maréchal d'Huxelles, une certaine hésitation à s'engager dans une alliance aussi nouvelle. Il recommande à Tessé « de combattre et d'éluder des engagements précis et plus forts que ce qui convient à la correspondance et à la bonne amitié ». Mais il l'informe cependant « que Son Altesse Royale regarde comme un point important de pouvoir engager ce prince (le Czar) de manière qu'il perde désormais toute idée de former une liaison avec la cour de Vienne, et que celles que Sa Majesté aura formées avec lui puissent servir de fondement à des engagements plus étroits », et il fait observer avec justesse, « que comme Sa Majesté et le Czar ne peuvent jamais avoir d'intérêts à démêler, les liaisons établies sur ces fondements ne peuvent qu'être utiles à l'une et à l'autre puissance, sans qu'il puisse jamais en naître des inconvénients capables d'en altérer la force, ni d'en diminuer les avantages ».

---

(1) *Recueil des Instructions*, etc. Russie, p. 190. *Mémoire pour servir d'instructions à M. le maréchal de Tessé*. Ce Mémoire avait déjà été publié par le général de Grimoard dans l'ouvrage improprement appelé *Mémoires de Tessé*.

La première conférence s'ouvrait le 18 mai, à l'hôtel de Lesdiguières avec un grand secret, pour échapper, disait Tessé, « aux mouches allemandes et de toutes les nations qui observent les moindres démarches ». Dès le début, le négociateur français se trouvait en présence d'une de ces propositions précises qu'il lui était recommandé d'éluder et qui était ainsi formulée : « une amitié réciproque et une alliance fidèle, pour le ciment et le fondement de laquelle il sera fait un traité de défensive pour assurer les traités d'Utrecht et de Bade, comme aussi que la France garantira les conquêtes que le Czar a faites sur la Suède, laquelle Suède ne sera point assistée d'argent, ni de troupes, directement ni indirectement ». Et comme Tessé répondait, avec juste raison, qu'il est impossible de garantir des conquêtes tant qu'une guerre n'est pas terminée, et que « tout ce qui est sujet à la variation du succès ne peut jamais être garanti », on lui répliquait avec une vivacité, qu'il rend admirablement dans une dépêche où il semble rapporter les paroles mêmes du Czar (1) : « Eh bien! laissez le Czar agir comme il l'entendra sur la Suède, sans garantir ses conquêtes, mais mettez le Czar au lieu et place de la Suède. Le système de l'Europe a changé la base de tous vos traités. La Suède quasi anéantie ne peut plus vous être d'aucun secours. La puissance de l'Empereur s'est infiniment augmentée, et moi, Czar, je viens m'offrir à la France pour lui tenir lieu de la Suède. Je lui offre non seulement mon alliance, mais ma puissance et en même temps celle de la Prusse, sans

_______

(1) Aff. étrang. Corresp. Moscovie, T. VII. Lettre de Tessé au maréchal d'Huxelles, du 19 mai 1717.

laquelle je ne pourrais pas agir... Par moi, Czar, la balance
que l'alliance de la Suède vous devait faire, sera rétablie ;
mais le grain que j'y mets l'emporte ; et de là je conclus
que moi, Czar, je dois avoir le même traitement que la
Suède, puisque je vous tiendrai lieu non seulement de
ladite Suède, mais que je vous amène la Prusse. »

L'offre était pressante autant que formelle, et ceux qui
l'avaient faite insistaient pour avoir une réponse immé-
diate. « Ces gens-cy, écrivait Tessé (1) le 20 mai, me deman-
dèrent, dès hier au soir, si j'avais réponse des ouvertures
que j'avais fait faire de leurs dernières propositions. A
quoy je leur répondis simplement qu'en leur gardant le
secret impénétrable qu'ils m'avoient demandé, je croyais
que Son Altesse Royale regardoit cette affaire comme assez
importante pour y réfléchir et prendre peut-être son conseil le plus secret pour digérer une matière d'aussi grande
conséquence. »

La matière avait besoin en effet d'être digérée, car il ne
s'agissait de rien moins pour la France que d'abandonner,
pour une alliée nouvelle et inconnue, une alliée ancienne
et éprouvée, bien qu'un peu infidèle dans les derniers temps,
Il n'y avait pas moyen cependant de se dérober, et on con-
vint que chacune des parties rédigerait séparément un
projet de traité. Le projet français comprenait sept articles (2) dont le premier stipulait qu'il y aurait « désormais
et pour toujours à l'avenir une alliance et une amitié durable
et fidèle, une union et une correspondance étroite entre

---

(1) Aff. étrang. Corresp. Moscovie, T. VII. Lettre de Tessé du 20 mai.
(2) *Ibid.*, T. VII. Ce projet porte la date du 29 mai.

le Roy Très Chrétien, le Czar de Moscovie, leurs héritiers et successeurs ». Le projet russe, assez différent dans les termes et dont la rédaction provoquait de la part du maréchal d'Huxelles de nombreuses observations, tendait cependant au même but, et les choses paraissaient de prime abord devoir marcher sans encombre. « Si nous n'avançons pas beaucoup, écrivait Tessé au sortir d'une troisième conférence (1), il semble au moins que nous ne reculons pas, de manière que dans cette affaire-ci, qui peut-être n'en a jamais eu de pareille, à force de s'entendre, ou si vous voulez de ne pas s'entendre (car rien n'approche de l'embarras de traiter par truchement), j'ai quelque lieu de croire et d'espérer que Son Altesse Royale trouvera quelque avantage dans tout ceci. » Et dans une autre lettre : « Je crains que vous ne trouviez que nous allons peut-être plus vite que vous ne voulez; mais attendu qu'il faut, comme l'on dit, qu'une porte soit ouverte ou fermée, encore faut-il que Son Altesse Royale et vous preniez un parti. »

Mais cette négociation que Tessé craignait de voir marcher trop vite au gré du Régent, encore hésitant, allait se trouver au contraire entravée par l'entrée en scène d'un troisième négociateur : la Prusse. Rien n'était plus naturel en soi-même que l'intervention de la Prusse. Elle avait été l'alliée de la Russie dans la guerre contre la Suède, et avait aussi des conquêtes, entre autres l'importante place forte de Stettin, à faire garantir. De plus, un traité d'alliance défensive, de nature assez vague et qui sur sa demande était demeuré secret, l'unissait à la France

---

(1) Aff. étrang. Corresp. Moscovie, T. VII. Lettre de Tessé du 21 mai 1717.

depuis 1716. Il n'y avait donc aucune raison de la tenir à l'écart de cette négociation. Le projet de traité français était même doublé d'un second projet par lequel « il était convenu que le traité de bonne correspondance, d'amitié et d'alliance convenu entre Sa Majesté Très Chrétienne et le Czar de Moscovie serait commun au Roi de Prusse en tous ses points ».

Lorsque le baron de Kniphausen, que le roi de Prusse avait envoyé auprès du Czar, débarqua à Paris, il était tout simple de l'admettre en tiers, et une lettre de Kourakin à Tessé informait ce dernier que désormais Kniphausen assisterait aux conférences qui se tenaient à l'hôtel de Lesdiguières. « Nous sommes convenus cependant, mandait Tessé à d'Huxelles, qu'il ne serait donné d'étendue de confiance au Prussien que dans la proportion où nous le croirions utile et nécessaire et qu'il n'aura nulle connaissance des articles qui devront être secrets entre nous. » Mais à partir de l'intervention du Prussien, comme l'appelait Tessé, les choses commencèrent à mal marcher. Par égard pour lui sans doute, on crut devoir substituer aux deux projets de traité différents sur lesquels on délibérait un troisième projet où le roi de Prusse était personnellement partie, et dont l'article premier était ainsi conçu (1) : « Il a été stipulé et accordé qu'il y aura, du jour de la conclusion de ce traité entre Sa Majesté Czarienne, Sa Majesté Très Chrétienne, et Sa Majesté le Roi de Prusse, entre leurs héritiers et successeurs, leurs royaumes, pays

_____

(1) Aff. étrang. Corresp. Moscovie, T. VIII. Ce troisième projet porte la date du 4 juin.

et États, un traité d'amitié, de correspondance et de commerce éternel et sincère, lequel sera observé de telle manière que les parties contractantes s'entrepromettent de la manière la plus forte de faire tout ce qui dépendra d'elles pour procurer et avancer le bien et les avantages de l'un et de l'autre, et de détourner au contraire toutes sortes de dommages et de préjudices. »

Mais autant il était facile de stipuler qu'il y aurait amitié éternelle entre la Russie, la France et la Prusse, autant il allait être malaisé de s'entendre sur les conditions de cette amitié. On tomba aisément d'accord sur le principe même de la garantie réciproque de l'état territorial créé ou à créer d'une part par les traités d'Utrecht et de Bade, d'autre part par ce qu'on appelait la paix éventuelle du Nord, c'est-à-dire le traité qui ne pouvait manquer d'intervenir entre la Suède, la Russie et la Prusse. Ce fut sur les conditions où s'exercerait cette garantie que les difficultés ne tardèrent pas à surgir.

Une première difficulté fut soulevée par la France. Les termes du projet qui avait été rédigé par Schafiroff et Kourakin limitait expressément ce concours promis par la Russie et la Prusse au cas où le « Roy Très Chrétien viendrait à être attaqué par une guerre ouverte dans ses royaumes et États ». D'Huxelles faisait observer avec raison que le but de cette nouvelle alliance étant la garantie des traités d'Utrecht et de Bade, ces traités seraient aussi bien violés si l'Empereur s'attaquait aux possessions Italiennes des puissances qui avaient été parties à ces traités, et l'observation était si juste que cette difficulté ne paraît point avoir eu de suites.

Une seconde difficulté fut soulevée, celle-là par les négociateurs russes à propos de la date à partir de la
quelle la Russie, suivant l'expression du Czar lui-même,
serait mise au lieu et place de la Suède. La Russie aurait
voulu être substituée effectivement à la Suède dès le
lendemain de la signature du traité. La France faisait au
contraire observer qu'étant encore liée vis-à-vis de la Suède
par un traité qui ne devait prendre fin que dans dix mois,
elle ne pouvait pas prêter assistance aux deux belligérants
à la fois. Comme l'objection était juste, la difficulté parut
encore de celles sur lesquelles il ne serait pas impossible
d'arriver à une entente. Mais une difficulté plus sérieuse
et qui devait malheureusement devenir la pierre d'achop-
pement, surgit à propos du mode d'exécution de la garantie mutuelle.

Un article séparé et destiné à demeurer secret du
projet du traité allait jusqu'à prévoir la composition et
l'effectif des forces que l'exécution de la garantie mutuelle
obligerait, le cas échéant, chacune des parties contractantes, d'envoyer au secours de l'autre, à première réqui-
sition. Ces forces devaient comprendre non seulement de
l'infanterie et de la cavalerie, mais des troupes de marine.
Les chiffres seuls étaient laissés en blanc, pour être
ultérieurement fixés. Mais le maréchal d'Huxelles, qui dans
toute cette négociation paraît avoir fait preuve d'un esprit un peu timide péut-être, mais judicieux, faisait
observer que le projet russe semblait toujours supposer
que les troupes du Czar se joindraient à celles du Roi.
« Or, il est aisé de prouver, disait-il avec raison, que si
la guerre était déclarée, cette jonction deviendrait impos-

sible. Ainsi, il faut fixer l'effet de la garantie à une diversion », et il ajoutait : « Comme l'on veut agir de bonne foi,
il ne faut pas dissimuler au ministre du Czar que nous ne
croyons pas que la France puisse donner d'autres secours
au Czar que des subsides, et que nous comptons aussi que
le Czar ne peut nous secourir que par une diversion (1). »

Ce fut sur cette question de la jonction ou de la diversion
qu'il devint impossible de s'entendre, le négociateur français insistant pour que le cas de diversion fût stipulé,
les négociateurs russes et le prussien s'y refusant. Toutefois, la difficulté principale ne venait pas de la Russie.
Pierre le Grand avait une juste confiance dans son armée.
Il l'avait mesurée à Poltawa contre les héroïques bandes
de Charles XII et les avait anéanties. Il ne craignait pas de
se trouver seul, face à face avec l'Autriche. Il n'en était pas
de même de l'envoyé prussien. Kniphausen n'envisageait
pas sans terreur l'éventualité où les jeunes troupes de son
Roi se trouveraient seules aux prises avec la vieille armée
autrichienne. Sa situation était, il faut le reconnaître, singulièrement difficile. Il ne s'attendait point à prendre part à
une aussi importante négociation ; ses pouvoirs étaient in-
suffisants, et il craignait d'être désavoué par un maître qui,
à en juger par la manière dont il traita plus tard son fils,
ne devait pas avoir l'humeur tendre pour ses serviteurs.
Le séjour du Czar en France permettait au contraire
aux négociateurs russes d'en référer à leur maître sur les

_______

(1) Aff. étrang. Corresp. Moscovie T. VIII, Ces observations du
maréchal d'Huxelles sont en regard du projet de traité, rédigé par Schafiroff et Kourakin dont le texte est sur deux colonnes.

points difficiles; mais le genre de vie que celui-ci menait ne rendait pas toujours aisé de le saisir.

*
* *

Depuis qu'il était débarrassé des visites officielles, le Czar, dont le séjour à Paris se prolongeait depuis près d'un mois, se livrait aux caprices de son humeur curieuse. Un jour où l'on comptait pouvoir lui soumettre l'état des affaires la fantaisie lui prenait de voir sortir de Notre-Dame la procession de la Fête-Dieu. Il fallait que Tessé, laissant là les négociations, courût aux Enfants-Trouvés, dont les balcons étaient vis-à-vis l'église, et priât les sœurs à qui appartenaient ces balcons de les faire orner tant bien que mal avec quelques tapis pour que le Czar y fût convenablement (1). « Au surplus, écrivait-il, je ne sais point où le Czar dînera ni s'il retournera à Versailles. Je n'ai nulle nouvelle du duc d'Antin. Avec tous ces déménagements il n'y a homme à qui la tête ne tournât. »

La tête lui tournait bien davantage encore, lorsqu'il apprenait que le Czar, qu'il devait accompagner partout, était sorti sans le prévenir de l'hôtel de Lesdiguières, et s'était jeté dans un fiacre sans dire où il allait. Parfois il en usait de même avec le carrosse des femmes qui s'étaient fait descendre devant sa porte pour le voir sortir. C'est ainsi qu'un jour, il monta pour se faire conduire à Boulogne dans le carrosse de la maréchale de Matignon qui fut fort étonnée de se trouver à pied. Ces jours-là, Tessé le cherchait effaré dans toute la ville, sans pouvoir le re-

---

(1) Aff. étrang. Corresp. Moscovie, T. VII. Lettre de Tessé du 26 mai.

joindre. Pour échapper à la curiosité, il avait coutume de revêtir un costume fort simple que Buvat décrit ainsi dans son journal : « Le Czar était fort simplement vêtu d'un surtout de bouracan gris assez grossier, tout noir, avec une veste d'étoffe de laine grise dont les boutons étaient de diamants, sans cravate et sans manchettes ni dentelles aux poignets de sa chemise, ayant une perruque brune à l'espagnole, dont il avait fait couper le derrière qui lui avait paru trop long et sans être poudrée. » Duclos, dans ses *Mémoires secrets*, rapporte en effet qu' « il avait commandé une perruque et que le perruquier ne douta pas qu'il ne lui en fallût une à la mode qui était alors de les porter longues et fournies. Mais le Czar lui fit donner un coup de ciseaux tout autour pour la réduire à la forme de celle qu'il portait. »

Si simple que fût son ajustement il lui arrivait presque toujours d'être reconnu, grâce à un certain air de majesté naturelle, et la foule qui s'attachait à ses pas l'importunait souvent. C'était chez des ouvriers de réputation qu'il se faisait de préférence conduire, et il se plaisait à les voir travailler. Duclos ajoute : « Les choses de pur goût et d'agrément le touchaient peu ; mais tout ce qui avait un objet d'utilité, trait à la marine, au commerce, aux arts nécessaires, excitait sa curiosité, fixait son attention, et faisait admirer la sagacité d'un esprit étendu, juste, et aussi prompt à s'instruire qu'avide de savoir.

En effet, on voulut lui faire admirer la collection des pierreries du Louvre, mais il avoua qu'il s'y connaissait peu. En revanche, il prit beaucoup d'intérêt à voir à Bercy le cabinet de physique de Pajot d'Ons en Bray, le directeur des postes. Un carme alors fameux par ses découvertes, le Père Sébastien, lui fit admirer plusieurs de ses machines. Il eut soin de rendre également visite à tous les corps savants. A la Sorbonne il embrassa le buste de Richelieu et prononça ces paroles qui pour lui paraissent bien théâtrales (1) : « Je donnerais la moitié de mon empire à un homme tel que toi pour qu'il m'apprît à gouverner l'autre. » A l'Académie française, comme il avait négligé de prévenir de sa visite, il ne trouva que deux académiciens qui lui firent les honneurs de la salle des séances. A l'Académie des Inscriptions et Belles-Lettres il prit beaucoup d'intérêt à l'*Histoire métallique* de Louis XIV. A l'Académie des Sciences, sa réception fut tout à fait solennelle. « Il voulut y prendre séance, disent les *Mémoires de la Régence*, et il permit à la Compagnie de s'asseoir pour considérer l'ordre de l'Académie et le rang des Académiciens. » On lui fit les honneurs de plusieurs machines nouvelles, et il prit grand intérêt à tout ce qu'on lui montra. Il se plut beaucoup également à la Monnaie où le Directeur fit frapper devant lui une médaille d'or qu'il lui présenta. D'un côté était gravé son portrait et de l'autre cette inscription : *Vires acquirit eundo*. Il rendit également de nombreuses visites à l'Observatoire, ou bien, au contraire, il faisait venir des savants à l'hôtel de Lesdiguières pour s'entretenir avec eux, en particulier des géographes, et il leur donnait les renseignements nécessaires pour rectifier les erreurs qu'ils avaient

---

(1) Ces paroles ne sont rapportées ni par Saint-Simon ni par Dangeau. Elles ne se trouvent que dans Duclos dont les *Mémoires secrets* sont loin de mériter une confiance absolue.

commises en dressant la carte de son vaste empire encore mal connu.

Ces allures si nouvelles chez un souverain avaient commencé par étonner les Parisiens. Elles finirent par leur plaire et il s'était acquis une popularité véritable. Toutefois les femmes de la Cour le boudaient un peu. C'est qu'il n'avait guère fait de frais pour elles. « Il est peu galant, écrivait le marquis de Louville (1), ce qui ne met pas les femmes dans son intérêt. » Une question d'étiquette l'avait empêché de rendre la première visite aux Princesses du sang. Quelques-unes cependant n'y tinrent pas, et le firent complimenter par un gentilhomme. A celles-là seulement il consentit à rendre visite. Ainsi avait fait Madame, la mère du Régent, qui, toute fière de l'avoir reçu l'appelait: « mon héros le Czar ». Mais un peu grosse, et rouge, Madame, malgré tout son esprit, n'était pas faite pour lui donner une juste idée des grâces françaises. Aucune dame de la Cour ne lui fut régulièrement présentée. Ce n'est pas qu'il ne sût être aimable à l'occasion quand il le voulait. C'est ainsi que, visitant les Invalides avec le maréchal de Villars, il sut que la maréchale était là en *voyeuse,* comme on disait alors. Il la fit approcher et lui dit des paroles obligeantes. Dînant à Bellevue chez le duc de Tresmes, il apprit que sa fille la comtesse de Béthune était là, en *voyeuse* également. Aussitôt il la fit prier de se mettre à table avec lui et la combla de politesses. Mais quand la curiosité attirait les femmes en

---

(1) *Mémoires secrets du marquis de Louville.* Lettre du 17 juin au duc de Saint-Aignan.

foule sur son passage, il affectait d'ignorer leur présence.
Ainsi fit-il à Petit-Bourg, chez le duc d'Antin, où il alla dîner
et où la duchesse de Bourbon avec un certain nombre de
dames de la Cour s'étaient rendues pour le voir. Il les
trouva toutes rangées dans une galerie. Mais il se borna à
les saluer d'une simple inclination de tête et ne s'en fit
nommer aucune.

Le séjour du Czar à Petit-Bourg fut marqué par un épi-
sode où brilla la bonne grâce du duc d'Antin, ce parfait
courtisan, qui, à force d'obséquiosité envers Louis XIV,
avait réussi à se faire pardonner par lui d'être le seul fils
légitime de M$^{me}$ de Montespan. Le Czar était tendrement
attaché à la Czarine Catherine, sa seconde femme. Un
instant, son séjour à Paris se prolongeant, il avait pensé
à la faire venir. Mais la question de l'incognito qu'il tenait
à garder lui avait fait renoncer à ce dessein, et il lui avait
mandé de l'attendre aux eaux de Spa. D'Antin savait cela,
et, voulant se rendre agréable au Czar, il avait trouvé
moyen de se procurer un portrait de la Czarine. La première chose que Pierre le Grand aperçut en entrant dans
la salle à manger fut ce portrait au-dessous duquel d'Antin
avait fait graver quelques vers. « Cette galanterie lui plut
si fort, dit Duclos qu'il s'écria qu'il n'y avait que les Français qui en fussent capables. » Malgré toutes nos recherches
nous n'avons pu trouver les vers composés par le duc d'Antin pour la Czarine.

Il y eut cependant une femme que Pierre le Grand témoigna la curiosité de voir, bien qu'elle eût quatre-vingt-deux
ans, ce fut M$^{me}$ de Maintenon. On trouve partout, racontée
d'après Saint-Simon, la visite qu'il lui rendit à Saint-Cyr.

Ce récit n'est point tout à fait exact. Il n'est pas vrai que, sans la saluer, il se soit borné à écarter les rideaux de son lit ; et qu'après l'avoir regardée il se soit éloigné sans mot dire. Apparemment M^me de Maintenon devait savoir comment les choses s'étaient passées. Voici comment elle raconte elle-même cette visite (1) : « Le Czar est arrivé à sept heures du soir. Il s'est assis au pied de mon lit. Il m'a demandé si j'étais malade. J'ai répondu que oui. Il m'a fait demander ce que c'était que mon mal. J'ai répondu : Une grande vieillesse. Il ne savait que me dire, et son truchement ne paraissait pas m'entendre ; sa visite a été fort courte. Il est encore dans la maison, mais je ne sais où. Il a fait ouvrir le pied de mon lit pour me voir. Vous croyez bien qu'il n'en aura été guère satisfait. »

Pierre le Grand visita Saint-Cyr en grand détail. « Il se fit montrer, rapporte le *Mercure de France,* les cinq classes et toutes les demoiselles, chacune à leur place. » Pendant ce temps les seigneurs de sa suite, qu'il avait laissés à Versailles, y avaient amené d'autres demoiselles qu'ils firent coucher précisément dans l'appartement de M^me de Maintenon, ce temple de la pruderie, dit Saint-Simon. Blouin, l'ancien valet de chambre de Louis XIV, qui avait remplacé l'officieux Bontemps et qui était demeuré gouverneur de Versailles, s'en montrait fort scandalisé.

*<br>* *

Cependant, le séjour du Czar touchait à son terme. Il était nécessaire que la négociation se terminât d'une ma-

---

(1) *Lettres de M^me de Maintenon,* t. VII, 11 juin 1717. Cette publication est celle de La Beaumelle, toujours, il faut l'avouer, un peu suspecte.

nière ou de l'autre. Mais ·elle en demeurait toujours au
même point. « La patience de Job serait en vérité nécessaire, Monsieur, écrivait Tessé (1). Nous avons travaillé
jusqu'à deux heures après midi et reculons à mesure que
nous croyons avancer, ou peut-être nous avançons à proportion de ce que nous voulons reculer. » La difficulté
était toujours la même, la Russie, et surtout la Prusse, se
refusant à la diversion et ne voulant s'engager qu'à la conjonction, comme l'Angleterre et la Hollande s'y étaient
engagées par un article du traité de la Haye : « J'entends
bien, ajoutait Tessé, l'embarras où vous met le détail de
cet article, mais je n'y vois guère d'emplastre. »

D'Huxelles commençait à douter également du succès, et
il écrivait à Tessé (2) : « Si vous voyez bien clairement que
l'on ne puisse se concilier présentement, il serait bon qu'il
parût que la difficulté ne viendrait que de l'incertitude qu'on
éprouve jusqu'à quel point le Roy de Prusse voudrait se
porter pour l'exécution de la garantie, parce qu'en ce cas
il nous resterait une ouverture pour amener le Czar au
point de faire présentement un traité d'amitié, en attendant
que l'on pût prendre des liaisons plus étroites. »

Kniphausen, qui était l'auteur principal de la difficulté,
mais qui voulait en même temps en décliner la responsabilité, disait de son côté à Tessé en se promenant avec lui,
à l'issue d'une de leurs nombreuses conférences, dans le
jardin de l'hôtel de Lesdiguières : « Le Czar ne passera

---

(1) Aff. étrang. Moscovie, T. VIII. Lettre de Tessé du 5 juin 1717.
(2) Affair. étrang. Corresp. Moscovie, T. VIII. Le Maréchal d'Huxelles à
Tessé, 6 juin 1717.

jamais l'article de la diversion que vous demandez au lieu
de secours. Je ne sais pas non plus si mon maître le pas-
seroit. Ainsy j'ay lieu de croire que notre traité entier ne
se fera pas. »

Quelques jours après avait lieu dans ce même jardin,
entre Tessé d'un côté, le Czar et ses ministres de l'autre,
une dernière conférence qui achevait d'enlever tout espoir
de succès. Voici en quels termes expressifs Tessé rend
compte de l'intervention personnelle du Czar (1) :

« Notre Czar arriva donc hier au soir, Monsieur, très
content de son voyage, mais dèz qu'il eut, en arrivant, fait
un tour de jardin et assemblé ses ministres, l'humeur luy
changea, et je le vis gesticuler, et se promenant seul, rêver
appuyé sur son baston, et travaillant sur le sable comme
un homme agité. Ses ministres m'appelèrent et me dirent
la douleur de leur Maistre de sentir qu'avec une volonté
déterminée de s'unir à la France il ne pouvait y réussir,
que de tout son cœur, il voudrait estre en estat de s'engager à une *diversion* en cas de guerre nécessaire contre
l'Empereur, mais qu'il ne le pouvait sans le Roy de Prusse
dont l'envoyé, quoy que muny de pouvoirs, n'avait pas celuy
de son Maistre sur l'article de la diversion, et que sans
le dit Roy de Prusse il ne pouvait agir ni rien promettre
de positif. »

Dès l'instant que le Czar, malgré le désir passionné de
s'unir à la France que lui prête Saint-Simon, ne voulait
pas s'engager sans la Prusse, la négociation ne pouvait
qu'échouer. Il faut reconnaître qu'il était difficile à la Russie

---

(1) Aff. étrang. Moscovie, T. VIII. Lettre de Tessé du 13 juin.

d'abandonner son allié, et d'Huxelles lui-même en tombait d'accord : « On ne peut s'empêcher de convenir, avec le Czar et ses Ministres, écrivait-il à Tessé, que l'engagement que ce Prince prendrait de faire une diversion en cas de guerre serait impossible dans l'exécution sans le concours du Roy de Prusse. Aussy la difficulté que fait le Czar de promettre en effet ce qu'il voit qu'il ne pourrait pas accomplir est une marque de la bonne foi de ce Prince et de la fidélité qu'il veut observer dans ses engagements. »

Aussi en revenait-il à l'idée, déjà émise par lui, de signer dès à présent un traité de bonne amitié et correspondance, sans qu'il y fût parlé de subsides, de conjonction ou de diversion, toutes questions qui devraient être ultérieurement réglées. Mais il était trop tard. Le Czar touchait à son départ. Le 16 juin on lui fit passer en revue aux Champs-Élysées les régiments des gardes, des gens d'armes, des chevau-légers et des mousquetaires. Excédé de la chaleur, de la poussière, du grand nombre de carrosses et de gens à pied qui se pressaient pour le voir une dernière fois avant son départ, il ne regarda presque pas les troupes. Quittant la revue il alla visiter les travaux du pont tournant des Tuileries et, ajoute Buvat dans son journal, « s'enferma dans une loge de suisse avec M. le duc d'Orléans, où ils restèrent environ en conférence une demi-heure avec l'interprète du Czar qui était un Anglais de nation. »

Dans cette dernière conférence fut-il question de la négociation qui venait d'échouer et chercha-t-on quelque moyen de la renouer? Cela est possible, mais ce n'est qu'une supposition. Le 20 juin, le Czar partait pour Spa,

où l'attendait la Czarine. A la vérité il laissait derrière lui
Kourakin et Schafiroff chargés de discuter un traité de
bonne amitié et correspondance en sept articles que
d'Huxelles avait précipitamment rédigé. Mais il n'y avait
plus rien à faire. Les négociateurs étaient aigris les uns
contre les autres, comme le sont souvent des gens qui ont
disputé trop longtemps. Schafiroff se plaignait sans grande
raison que la France eût varié dans ses propositions et son
étroite entente avec Kniphausen paraissait même suspecte
à Tessé. Kniphausen était également de mauvaise humeur
de la responsabilité qu'on prétendait faire peser sur lui.
Aussi se montrait-il plus récalcitrant que jamais. Quand, le
22 juin, Tessé se présenta chez lui pour lui soumettre ce
traité de correspondance et de bonne amitié sur le texte
duquel il était à peu près d'accord avec Schafiroff, Kniphausen déclara « que jamais on n'avait signé un traité
de quelque nature que ce soit, ny avec quelques pouvoirs
que l'on pust avoir sans l'avoir auparavant fait voir à son
Maistre, et qu'il ne signerait point les articles soit ostensi-
bles, soit secrets sans en avoir donné part au sien et les
lui avoir envoyés (1) ».

Tessé retournant chez Schafiroff qui devait l'attendre
le trouva sorti. Il comprit que les deux négociateurs se
dérobaient, et il écrivit une courte lettre à d'Huxelles pour lui
donner le bonsoir et l'avertir que de son côté il s'en retour-
nait à sa petite maison des Camaldules dont il déclarait,
depuis quelque temps déjà, avoir le *Heimweh*.

---

(1) Aff. étrang. Corresp. Moscovie, T. VIII. Lettre de Tessé du 23 juin.

Ainsi se termina, sans succès apparent, cette négociation dont le fait même est bien connu, mais dont les détails n'ont jamais été racontés, et dont l'ensemble n'a pas été apprécié très équitablement, suivant nous, du moins, par les historiens qui en ont fait mention. Faute d'être remontés aux source, le rôle cependant si important de la Prusse leur a échappé, et ils ont adopté un peu trop facilement la version de Saint-Simon qui, égaré par sa haine contre le cardinal Dubois, attribue aux *funestes charmes* de l'Angleterre et au *fol mépris* que la France aurait fait de la Russie, l'échec de la négociation.

Les funestes charmes de l'Angleterre n'y furent, comme on a pu le voir, pour rien. Sans doute le Régent était très justement préoccupé de ne point donner ombrage à l'Angleterre et de ne point porter atteinte aux stipulations toutes récentes de la Haye, stipulations qui au reste avaient été communiquées au Czar. Il avait même dans le projet d'alliance en délibération fait insérer cette clause « que le présent traité ne pourrait porter aucun préjudice au traité de la Haye ». Mais cette réserve toute naturelle avait été acceptée par la Russie et la Prusse qui réservaient également leurs alliances antérieures.

Il n'est pas davantage exact que la France ait témoigné un fol mépris de la Russie. La négociation avait été au contraire poussée aussi loin que possible et n'avait échoué que sur une difficulté sérieuse. La vérité c'est que les temps n'étaient pas mûrs pour une alliance aussi étroite que l'aurait souhaitée Pierre le Grand. L'état de l'Europe était trop incertain, les communications entre les deux pays encore trop difficiles. Mais les efforts tentés avec beaucoup de bonne foi de part et d'autre ne furent pas perdus. La négociation fut reprise quelques mois après, non pas il est vrai à Paris, mais en Hollande, et le dernier projet de traité, hâtivement rédigé par le maréchal d'Huxelles, devint le 19 août 1717 le traité d'Amsterdam, premier instrument diplomatique au bas duquel la France et la Russie aient apposé leur signature.

Le séjour de Pierre le Grand à Paris eut un résultat encore plus décisif. Si la France, pour reprendre l'expression de Saint-Simon, demeura charmée de lui, il demeura aussi charmé de la France. Il partit enchanté de la réception qui lui avait été faite, du respect et de la sympathie dont il s'était senti environné. A partir de ce jour, les deux pays cessèrent d'être étrangers l'un à l'autre. Non seulement des relations diplomatiques régulières furent établies par l'envoi de ministres *caractérisés,* comme on disait alors, mais les Russes commencèrent à venir en grand nombre à Paris; les Français apprirent le chemin de Saint-Pétersbourg, et de ce voyage justement célèbre datent, entre les deux grands peuples, ces sentiments d'instinctive amitié, qui traversés parfois par les erreurs de la politique, méconnus par les rêves de l'ambition, n'en renaissent pas moins, toutes les fois que les circonstances deviennent favorables, avec l'indestructible vitalité des sympathies naturelles et des intérêts permanents.

# SALUT A L'EMPEREUR[1]

## STANCES

DE

## M. DE HEREDIA

MEMBRE DE L'ACADÉMIE FRANÇAISE

---

*Pax et Robur.*

Très illustre Empereur, fils d'Alexandre Trois !
La France, pour fêter ta grande bienvenue,
Dans la langue des Dieux par ma voix te salue ;
Car le poète seul peut tutoyer les rois.

---

(1) Ces vers ont été lus par M. Paul Mounet, de la Comédie-Française, le mercredi 7 octobre 1896, à la cérémonie de la pose de la première pierre du Pont Alexandre III, en présence de Leurs Majestés l'Empereur et l'Impératrice de Russie.

Et Vous, qui près de Lui, Madame, à cette fête
Pouviez seule donner la suprême beauté,
Souffrez que je salue en Votre Majesté
La divine douceur dont votre grâce est faite.


Voici Paris ! Pour vous les acclamations
Montent de la cité riante et pavoisée
Qui, partout, au palais comme à l'humble croisée,
Unit les trois couleurs de nos deux nations.


Pour vous, Paris en fête, au long du large fleuve
Qui roule dans ses flots les sons et les couleurs,
Gigantesque bouquet de flammes et de fleurs,
Met aux arbres d'automne une floraison neuve.


Et sur le ciel, au loin, ce Dôme éblouissant
Garde encor des héros de l'époque lointaine
Où Russes et Français, en un tournoi sans haine,
Prévoyant l'avenir, mêlaient déjà leur sang.


Sous ses peupliers d'or, la Seine aux belles rives
Vous porte la rumeur de son peuple joyeux ;
Nobles Hôtes, vers vous les cœurs suivent les yeux.
La France vous salue avec ses forces vives !


La Force accomplira les travaux éclatants
De la Paix, et ce pont, jetant une arche immense
Du siècle qui finit à celui qui commence,
Est fait pour relier les peuples et les temps.

Qu'il soit indestructible, hospitalier à l'hôte,
Que le ciment, la pierre et que le métal pur
S'y joignent, et qu'il soit assez large et si sûr
Que les peuples unis y passent côte à côte.

Et quand l'aube du siècle à venir aura lui,
Paris, en un transport d'universelle joie,
Ouvrira fièrement la triomphale voie
Au couple triomphal qu'il acclame aujourd'hui.

Sur la berge historique avant que de descendre,
Si ton généreux cœur aux cœurs français répond,
Médite gravement, rêve devant ce pont ;
La France le consacre à ton père Alexandre.

Tel que ton Père fut, sois fort et sois humain.
Garde au fourreau l'épée illustrement trempée
Et, guerrier pacifique appuyé sur l'épée,
Tsar, regarde tourner le globe dans ta main.

Le geste impérial en maintient l'équilibre ;
Ton bras doublement fort n'en est point fatigué,
Car Alexandre, avec l'Empire, t'a légué
L'honneur d'avoir conquis l'amour d'un peuple libre !

Oui, ton Père a lié d'un lien fraternel
La France et la Russie en la même espérance ;
Tsar, écoute aujourd'hui la Russie et la France
Bénir, avec le tien, le saint nom paternel.

Achève donc son œuvre. Héritier de sa gloire,
De ta loyale main prends l'outil vierge encor,
Étale le mortier sous la truelle d'or,
Frappe avec le marteau d'acier, d'or et d'ivoire ;

Viens !... Puisse l'Avenir t'imposer à jamais
Le surnom glorieux de ton ancêtre Pierre,
Noble Empereur qui vas sceller la grande pierre,
Granit inébranlable où siégera la Paix !

# COMPLIMENT [1]

POÉSIE

DE

## M. JULES CLARETIE

MEMBRE DE L'ACADÉMIE FRANÇAISE

## I

Il est un beau pays aussi vaste qu'un monde
Où l'horizon lointain semble ne pas finir,
    Un pays à l'âme féconde,
Très grand dans le passé, plus grand dans l'avenir.

Blond du blond des épis, blanc du blanc de la neige,
Ses fils, chefs ou soldats, y marchent d'un pied sûr.
    Que le sort clément le protège,
Avec ses moissons d'or sur un sol vierge et pur !

---

[1] Ces vers ont été lus par M. Mounet-Sully, doyen de la Comédie-Française, le mercredi 7 octobre, à la représentation de gala du Théâtre-Français, en présence de Leurs Majestés l'Empereur et l'Impératrice de Russie.

## II

C'est une terre hospitalière
Qu'aime notre art et qu'il bénit,
Où les serviteurs de Molière
Souvent ont retrouvé leur nid,

Quand la volonté souveraine
Donna complaisamment accès,
Comme au cortège d'une reine,
Aux muses de l'esprit français,

Et d'une indulgente tutelle,
Parmi les théâtres rivaux
Honora la scène immortelle
De Corneille et de Marivaux.

Quel chapitre de notre histoire
Que d'entendre en toutes saisons
Comme un écho de notre gloire!...
Car Molière avait deux maisons!

Si bien qu'au pays de Pouchkine
De l'idéal classique épris,
S'il vivait, le tendre Racine
Se croirait encore à Paris.

C'est là qu'avec leurs interprètes
Le génie ardent et chercheur
De nos plus modernes poètes
Fut accueilli dans sa fraîcheur.

Pétersbourg prit, pour ses soirées,
Nos auteurs avant le succès,
Et ses louanges désirées
Nous les ont rendus plus français.

C'est ainsi que, sous la fourrure,
Un jour le *Caprice* arriva,
Comme une nouvelle parure,
Des bords amis de la Néva.

Et Paris mit sur son épaule,
Tout ébloui de le revoir,
Ce joyau revenu du pôle
Qu'il fera rayonner ce soir.

### III

Et c'est pourquoi, mêlés aux fêtes solennelles
Traducteurs passagers des œuvres éternelles,
Pour les poètes morts qui parlent par leurs voix,
Les humbles serviteurs du logis de Molière
S'inclinent tous devant la sereine lumière
Du Père d'un grand peuple aux glorieux exploits!

Ici, tout est bonheur; aujourd'hui, tout est joie;
Molière se ranime et sa maison flamboie
Au milieu de Paris qui vibre comme un chœur!
C'est du Nord maintenant que nous vient l'espérance,
Et le respect ému de notre chère France
En hymnes radieux jaillit de notre cœur!

## IV

Mesdames Reichenberg, Barretta et Bartet s'avancent alors et disent les vers suivants :

M<sup>lle</sup> REICHENBERG

Nous qui sommes de simples femmes
Unissons nos vœux précurseurs
A tout ce fier concert des âmes
Au nom des mères et des sœurs.

M<sup>me</sup> BLANCHE BARRETTA

Qu'un bonheur fidèle accompagne
Dans leur impérial séjour
Notre hôte illustre et sa compagne
D'un rayon de gloire et d'amour.

M<sup>lle</sup> BARTET

Qu'à la sainte et forte Russie,
Sous le clair rayon du ciel bleu,
La France à jamais s'associe
Pour les grandes œuvres de Dieu !

# LA
# NYMPHE DES BOIS DE VERSAILLES[1]

## STANCES

DE

## M. SULLY PRUDHOMME

MEMBRE DE L'ACADÉMIE FRANÇAISE

---

Je dormais dans ces bois où, depuis vingt-cinq ans,
Ni le bruit des combats ni la rumeur des camps
Ne troublaient plus l'asile ombreux de mon long rêve ;
A peine un cri d'enfant, un branle de berceau,
Un froissement de feuille à l'essor d'un oiseau
Coupaient le labeur grave et muet de la sève.

Je dormais, quand soudain je sentis frémir l'air
Et près de mon côté le sol antique et cher
Tressaillir, et vers moi palpiter le bocage.
Frissonnante à mon tour j'eus un éclair d'effroi...
Mais le buisson s'ouvrit, et l'ombre du Grand Roi
M'apparut souriante et me tint ce langage :

---

(1) Ces vers ont été lus par M^me Sarah Bernhardt, le jeudi 8 octobre, au Château de Versailles, en présence de Leurs Majestés l'Empereur et l'Impératrice de Russie.

« Nymphe immortelle, écoute et viens à mon secours.
Un couple impérial, espoir des nouveaux jours,
Veut visiter ma gloire embaumée à Versailles.
Je ne suis plus qu'un spectre, un voile éteint ma voix :
Que la tienne, sonore et suave à la fois,
En soit le vif écho dans ces nobles murailles !

« Mes hôtes sont les tiens, prends ma place auprès d'eux ;
Traduis pour leur couronne et leur race mes vœux ;
De mon règne en exemple offre-leur ce qui dure ;
Apprends-leur à quel peuple ils ont tendu la main,
Et quel génie ici, plus que moi souverain,
Plus que moi conquérant, a vaincu la Nature ;

« Comment, à mon appel, tous les arts en ces lieux,
Vouant à l'Idéal un temple harmonieux,
D'un rendez-vous de chasse, abri sombre et sauvage,
Ont su faire, ô prodige ! un rendez-vous sacré
Pour deux peuples unis fièrement, de plein gré,
Par l'attrait mutuel d'un beau nœud sans servage.

« L'Épouse auguste est là : va lui dire en mon nom
Que les Grâces lui font leur cour à Trianon ·
Comme à leur jeune sœur que le bandeau fait grande.
Le fils des Romanoff m'apporte ses saluts ;
Au seuil du palais vaste où je ne brille plus
Il sied que dans tes yeux mon soleil les lui rende !

« Ah ! depuis que la tombe a refroidi mes os
J'ai longtemps médité sur l'emploi des héros,

Mais n'importune pas de ma science amère
Un prince que son sang nous convie à fêter;
Pour bien faire il n'a pas de maître à souhaiter :
J'ai déjà reconnu son modèle en son père.

« La sagesse léguée a pris racine en lui
Et la fleur en est douce à cueillir aujourd'hui.
Nymphe, reçois-le donc, de mon lustre vêtue ;
Sois tendre à sa compagne ; au front de leur enfant
Pose, au nom de la France, un baiser triomphant
Pour que la foi jurée aux cœurs se perpétue. »

Paris. — Typographie de Firmin-Didot et Cⁱᵉ, impr. de l'Institut, rue Jacob, 56. — 34178.